Linda Weidner

Gesellschaft bei Max Weber

GRIN Verlag

Bibliografische Information der Deutschen Nationalbibliothek:

Die Deutsche Bibliothek verzeichnet diese Publikation in der Deutschen National-
bibliografie; detaillierte bibliografische Daten sind im Internet über http://dnb.d-
nb.de/ abrufbar.

Impressum:

Copyright © 2006 GRIN Verlag GmbH
Druck und Bindung: Books on Demand GmbH, Norderstedt Germany
ISBN: 978-3-638-93886-0

Dieses Buch bei GRIN:

http://www.grin.com/de/e-book/64813/gesellschaft-bei-max-weber

GRIN - Your knowledge has value

Der GRIN Verlag publiziert seit 1998 wissenschaftliche Arbeiten von Studenten, Hochschullehrern und anderen Akademikern als eBook und gedrucktes Buch. Die Verlagswebsite www.grin.com ist die ideale Plattform zur Veröffentlichung von Hausarbeiten, Abschlussarbeiten, wissenschaftlichen Aufsätzen, Dissertationen und Fachbüchern.

Besuchen Sie uns im Internet:

http://www.grin.com/

http://www.facebook.com/grincom

http://www.twitter.com/grin_com

Universität Koblenz-Landau, Campus Landau
Fachbereich 6: Kultur- und Sozialwissenschaften
Institut für Sozialwissenschaften (Soziologie)
Seminar: Handeln, Strukturen und Prozesse
Sommersemester 2006

Gesellschaft bei Max Weber

Linda Weidner
Diplom-Sozialwissenschaften
Fachsemester 3

Datum 15.07.2006

Inhaltsverzeichnis

1. Einleitung

Max Weber gilt als Mitbegründer der deutschen Soziologie und beschrieb die Soziologie als *„Wissenschaft, welche soziales Handeln deutend verstehen und dadurch in seinem Ablauf und seinen Wirkungen ursächlich erklären will".* Wissenschaftstheoretisch trat er also für eine qualitative Methode ein. Des Weiteren bestand er auf der Soziologie als eine werturteilsfreie Wissenschaft. Webers Schaffen ist sehr vielseitig und umfassend. Er beschäftigte sich mit den Bereichen   Soziologie,   Ökonomie,   Rechtswissenschaft,   Geschichte-   und Religionswissenschaft,   Wissenschaftstheorie,   Methodologie,   Philosophie   und Politikwissenschaft.

Seine Werke dienen heute noch vielen Wissenschaftler, sei es, um sie umzuinterpretieren oder sich auf sie zu stützen, auch Talcott Parsons setzte sich mit ihm auseinander. Seine Werke entstanden vor dem Hintergrund einer sich verändernden Gesellschaft, der Übergang vom Kapitalismus der freien Konkurrenz zum monopolisierten Kapitalismus, beeinflusst wurde er außerdem maßgeblich durch seine nationale Erziehung.

Zu seinen bekanntesten und den weltweit wichtigsten Werken der Soziologie zählen die "Die protestantische Ethik und der 'Geist' des Kapitalismus" und das Monumentalwerk "Wirtschaft und Gesellschaft", das erst 1922 nach seinem Tode erschien und als eine grundlegende Darstellung seines Begriffs- und Denkhorizontes angesehen werden kann. Weber hat auch wichtige Erkenntnisse zum Gebiet der Ökonomie beigesteuert. Von ihm stammt die Theorie des rationalen Handelns, nach der die Handlungen einer Person durch ein Zweck-Mittel-Kalkül bestimmt sind. Auf diese Theorie des rationalen und sozialen Handelns werde ich kurz eingehen und mit seinem Gesellschaftsbegriff werde ich mich etwas näher befassen.

2. Soziales Handeln

Handeln soll ein menschliches Verhalten heißen, wenn der Handelnde damit einen subjektiven Sinn verbindet. Handeln unterscheidet sich also von Verhalten dadurch, dass es für den Handelnden einen Sinn macht. Wenn ich zum Beispiel beim Laufen meine Füße bewege, ist dies noch kein Handeln, weil diese Bewegung keine weitere Bedeutung für mich hat. Erst wenn ich schnell renne und mir dann die Füße wehtun und ich eine Pause einlege, so ist das „Pause machen" ein Handeln, denn ich messe den Schmerzen eine Bedeutung zu, deren Wirkung dann die Pause ist.

Soziales Handeln ist aber ein Handeln, welches seinem Sinn nach auf das Handeln oder den Handlungssinn anderer bezogen ist. Ein Zusammenprall zweier Radfahrer zum Beispiel ist ein bloßes Naturgeschehen. Aber der Versuch auszuweichen oder eine Prügelei nach dem Zusammenprall wären soziales Handeln. Soziales Handeln ist also nicht nur sinnhaftes Verhalten, sondern hat auch eine Orientierung am Handeln eines oder mehrerer Akteure. Dieses Handeln ist nur gemeinsam mit anderen möglich und es kann zu einer wechselseitigen Bezugsnahme kommen.

Weber unterscheidet vier Typen des Handelns. Zweckrationales Handeln sind die Handlungen eines Akteurs, die durch Erwartungen hinsichtlich von Dingen und Personen in der Umwelt geleitet und unter Benutzung von Mitteln der Verwirklichung eines Zwecks zugeordnet sind. Wertrationales Handeln ist ein Handeln, das um seiner selbst willen, seines Eigenwertes wegen, vollzogen wird. Traditionelles Handeln ist ein Handeln, das eingelebten Gewohnheiten folgt oder bei dem Überlieferungen oder Traditionen die Handlungen steuern. Und affektuelles Handeln ist ein durch Stimmungen und Gefühlslagen bestimmtes Handeln. Zum Beispiel schlägt Person X vor lauter Wut mit der Faust gegen die Wand.

Die oben erwähnte wechselseitige Bezugsnahme von Akteuren auf das sinnhafte Handeln des jeweiligen Gegenübers nennt Max Weber „Soziale Beziehung". Jedoch bedeutet nicht jedes soziale Handeln auch gleichzeitig eine soziale Beziehung. Person X beobachtet beispielsweise Person Y, die auf der Straße steht und einen Wutanfall hat. Person X geht weiter und ärgert sich, hat damit aber noch keine Wechselseitigkeit hergestellt, sondern sich einfach nur an dessen Wut orientiert. Er hat zwar sozial gehandelt, doch nur wenn er zu Person Y hingegangen wäre und ein Gespräch angefangen hätte, wäre die Rede von einer sozialen Beziehung gewesen.

3. Strukturierung sozialen Handelns

Es kann auf sehr allgemeiner Ebene zwischen zwei Formen der Strukturierung sozialen Handelns unterschieden werden: „Vergemeinschaftung" und „Vergesellschaftung"

3.1 Vergemeinschaftung

„Vergemeinschaftung« soll eine soziale Beziehung heißen, wenn und soweit die Einstellung des sozialen Handelns – im Einzelfall oder im Durchschnitt oder im reinen Typus – auf subjektiv gefühlter (affektueller oder traditionaler) Zusammengehörigkeit der Beteiligten beruht (Weber, Max, Wirtschaft und Gesellschaft. Grundriss der verstehenden Soziologie, Tübingen:1972, Kap.1, § 9, S. 21). "

Man sieht also, dass zwei von den vier Grundtypen des Handelns im Begriff der Vergemeinschaftung wieder aufgenommen werden. Formen der Vergemeinschaftung beruhen im Wesentlichen auf der Bekanntschaft der involvierten Akteure, sie entstehen auf der Grundlage von bereits gemeinsam Erlebten und setzen eine gewisse Reichhaltigkeit und Dichte der Interaktion voraus. Der Begriff Bekanntschaft soll hier ein Wissen über die Verhaltenseigenschaften des jeweils anderen bezeichnen, ein Wissen, das bei den Interaktionspartnern in der direkten persönlichen Interaktion entsteht. Ein besonders gut geeignetes Beispiel ist die Familiengemeinschaft. Sie zeigt sehr deutlich, dass Gemeinschaften aufgrund freier Willensentscheidung entstehen können (Ehepartner). Man kann aber andererseits auch ohne freie Willensentscheidung in eine hineingeboren werden (Kinder). Die Freiheit aus einer Gemeinschaft auszutreten, kann unterschiedlich groß oder klein sein. Der Austritt fällt nicht immer leicht und wird oft behindert oder moralisch diskreditiert. Es gibt neben den beiden Extremen der freien Willensentscheidung und des Hineingeborenwerdens auch Gemeinschaften, bei denen die Willensentscheidung eingeschränkt ist. Schicksalsgemeinschaften zum Beispiel zählen zu diesen Gemeinschaften. Zunächst wildfremde Menschen, helfen sich gegenseitig z.B. aufgrund eines Unfalls in einem Rettungsboot über längere Zeit.

Wichtige Kriterien für Gemeinschaften sind erstens die klare Festlegung der Zugehörigkeit und somit die Abgrenzung zum „Rest der Welt". Solidarität der Gemeinschaftsangehörigen untereinander sowie Vertrautheit der Beteiligten und emotionale Bindungskräfte (das Wir-Gefühl), sind weitere wichtige Punkte. Jedoch muss die klare Zugehörigkeit für Außenstehende nicht zwingend erkennbar sein. Es muss sich auch nicht um objektiv eindeutige Kriterien handeln, wichtig ist nur, dass die Mitglieder selbst wissen oder spüren wer dazu gehört und wer nicht. Zugehörigkeitsmerkmale werden häufig bewusst oder unbewusst künstlich geschaffen, etwa in Form von besonderen Kleidungsmerkmalen. Es kann auch vorkommen, dass Gemeinschaften Personen vereinnahmen, die gar nicht dazu gehören wollen; z.b. wollen die Südtiroler keine Italiener und die Basken keine Spanier sein. Die Dauer der Gemeinschaften kann auch umstritten sein. Zum Beispiel kommt es in einer Familie vor, dass der eine Teil (die Kinder) die Gemeinschaft noch als existent sieht, während der andere Teil (die Ehepartner) sie schon als zerbrochen ansieht.

Es ist jedoch keineswegs jede Gemeinsamkeit der Situation, der Qualitäten oder des Verhaltens auch gleich eine Vergemeinschaftung. Die Gemeinsamkeit des biologischen Erbgutes, das als Rassenmerkmal angesehen wird, bedeutet natürlich noch lange nicht Vergemeinschaftung der Betroffenen (vgl. Weber 1972, S. 22). Auch wenn verschiedene Personen in gleicher Weise in bestimmten Situationen reagieren, ist das nicht der Fall. Ebenso ergibt das bloße Gefühl für die gemeinsame Lage und deren Folgen noch keine Vergemeinschaftung. Erst wenn die Akteure aufgrund von diesen Gefühlen ihr Verhalten aneinander orientieren und aufeinander einstellen, entsteht eine soziale Beziehung zwischen ihnen und erst wenn sich das Gefühl der Zusammengehörigkeit entwickelt, liegt eine Gemeinschaft vor. Beispielsweise die Entwicklung einer Freundschaft. Zunächst spricht eine Person einen Passanten auf der Straße an und fragt ihn nach dem Weg zum Bahnhof. Der Passant ist behilflich. Man bedankt sich und verabschiedet sich. Nun treffen diese zwei Akteure einige Zeit später wieder aufeinander, ein Gespräch entwickelt sich, sie gehen vielleicht einen Kaffee trinken, tauschen ihre Telefonnummern aus und es entsteht langsam ein Gefühl der Zuneigung. Sie werden Freunde, nehmen Rücksicht aufeinander, unternehmen auch viel zusammen, sind sich gegenseitig bei Problemen behilflich; kurz gesagt, sie können nun als eine Gemeinschaft bezeichnet werden.

„Gemeinsamkeit der Sprache, geschaffen durch gleichartige Tradition von seiten der Familie und Nachbarnwelt, erleichtert das gegenseitige Verstehen, also die Stiftung aller sozialer Beziehungen, im höchsten Grade (Ebd., S. 23).“ Sie bedeutet an sich jedoch noch keine Vergemeinschaftung, sondern ist zunächst nur eine Erleichterung der Verständigung innerhalb der betroffenen Gruppen; also Entstehung von Vergesellschaftung. Die Beteiligten orientieren sich an den Regeln der gemeinsamen Sprache primär nur als Mittel der Verständigung, diese Orientierung ist hier noch nicht Sinngehalt von sozialen Beziehungen. Erst wenn bei den Beteiligten bewusste Gegensätze gegen Dritte entstehen, kann es für sie zu einer gleichartigen Situation führen, ein Gemeinschaftsgefühl kann sich entwickeln und eine Vergemeinschaftung, deren bewusster Existenzgrund die gemeinsame Sprache ist, wird gestiftet (vgl. Weber 1972, S. 23).

Vergemeinschaftung ist dem gemeinten Sinn nach der radikalste Gegensatz gegen Kampf.

„Dies darf nicht darüber täuschen, daß tatsächlich Vergewaltigung jeder Art innerhalb
auch der intimsten Vergemeinschaftungen gegenüber dem seelisch Nachgiebigeren
durchaus normal ist, und daß die »Auslese« der Typen innerhalb der Gemeinschaften ganz
ebenso stattfindet und zur Verschiedenheit der durch sie gestifteten Lebens- und
Ueberlebenschancen führt wie irgendwo sonst (Ebd., S. 22). "

Eine Gesellschaft ist natürlich nicht nur aus den sozialen Beziehungen von einigen wenigen Leuten aufgebaut, die das Verhalten von anderen im Hinblick aus das eigne Tun und Lassen auskalkulieren und/oder mit anderen um der Sache selbst oder Anwesenden willen etwas anfangen und/oder einfach den eingelebten Gewohnheiten, Traditionen, Sitten, Gebräuchen folgen und/oder sich von Gefühlen zu den anderen leiten lassen. Die Menschen leben außerdem nur mit einem Teil ihres Gesamtrepertoires von Handlungen in vergemeinschafteten sozialen Beziehungen. Es gibt immer wieder Situationen, in denen man die Leute gar nicht genau kennt oder man ist in Institutionen und Organisationen verwickelt, von denen man nicht wirklich sagen kann, sie seien nach dem Prinzip der Vergemeinschaftung aufgebaut.

Es stellt sich also die Frage wie der einzelne Handelnde mit den vielen, ständig wechselnden Situationen mit so vielen verschiedenen Personen klarkommen soll; mit Personen, die auch alle rational oder irrational ihre eigenen Ziele, Absichten und Interessen verfolgen und durchsetzen wollen? Wie schafft man es in diesen „nicht-vergemeinschafteten" Situationen mit dem Handeln anderer zu rechnen und soziale Beziehungen mit wechselnder Besetzung aufzubauen?

3.2 Vergesellschaftung

Die Antwort auf die oben gestellten Fragen sind „Erwartungen". Eine Erwartung ist die Annahme eines Handelnden darüber, was ein anderer Handelnder tun wird oder tun sollte. Sie stellen einen Handlungssinn dar, durch den bestimmte Handlungsmöglichkeiten stabilisiert werden. Wenn zum Beispiel Person X möchte, dass Person Y ihr beim Streichen seiner Wohnung hilft, wird er wohl nicht sagen „Was stehst du denn so blöd da rum". Denn nach so einer Beleidigung kann er nach allgemeiner Kenntnis des Verhaltens kaum mit Hilfe rechnen. Für Weber reicht jedoch die Erwartungstheorie nicht aus um Vergesellschaftungen zu bestimmen. Zum einen kann man die Unterscheidung von Zielen und Mitteln bei größeren Handlungssystemen nicht so genau festhalten. Im oben genannten Beispiel ist das Ziel von Person X auf den ersten Blick das „Streichen", aber in einem breiteren Feld gesehen, ist sein Ziel die Wohnung zu verschönern und dazu ist streichen nur ein Mittel. Noch allgemeiner gesehen wollte er die Wohnung verschönern um seiner Frau eine Freude zu machen und somit ist auch das „Verschönern" nur ein Mittel. In diesen Sumpf kann man jederzeit geraten, wenn man versucht bei breiten Erwartungsstrukturen festzuhalten, was Ziel und was Mittel ist. Wenn man außerdem noch dauernd damit rechnen müsste, dass alle, die ein Ziel verfolgen, jedes Mal in jeder Situation die bisher eingespielten und anerkannten Erwartungen wieder in Frage stellen, dann würde jedes Mal das Chaos ausbrechen. Vergesellschaftung kann für Weber demzufolge nicht nur auf einer Wechselseitigkeit von Erwartungen beruhen.

„Vergesellschaftung soll eine soziale Beziehung heißen, wenn und soweit die Einstellung des sozialen Handelns auf rational (wert- oder zweckrational) motiviertem Interessensausgleich oder auf ebenso motivierter Interessenverbindung beruht (Ebd., S. 21)."

Sie kann typisch insbesondere auf rationaler Vereinbarung durch gegenseitige Zusage beruhen und ermöglicht den sozialen Austausch zwischen einander weitgehend Unbekannten, der auf der Grundlage reduzierter Kommunikationserfordernisse erfolgen kann und sofern diese Unbekannten sich in bestimmten Hinsichten an generalisierten Erwartungen orientieren. Vergesellschaftungen sind anders wie die Vergemeinschaftungen oft nur Kompromisse zwischen den involvierten Akteuren, die zwar einen Teil des grundlegenden Kampfgegensatzes ausschalten oder dies zumindest versuchen, der eigentliche Interessengegensatz selbst bleibt jedoch bestehen (vgl. Weber 1972, S.22).

Die reinsten Typen der Vergesellschaftung sind zum einen die streng zweckrationalen Tauschbeziehungen (auf dem Markt). Tauschbeziehungen sich aber keine dauerhaften sozialen Beziehungen, sondern die Tauschpartner sind an Sachen interessiert, die sich im Besitz des anderen befinden. Es findet dann ein Tausch statt, eine freiwillige Vereinbarung der Beteiligten, bei dem Güter oder Chancen als gegenseitiger Entgelt hingegeben werden, natürlich erst nachdem ein Interessenskompromiss der Tauschpartner erreicht worden ist. Danach, wenn also die Bedürfnisse und Forderungen beider erfüllt sind, löst sich die Beziehung normalerweise auf, außer es werden längerfristige Verträge abgeschlossen. Zum anderen gibt es reine, frei paktierte Zweckvereine. Sie sind Vereinbarungen mit der Absicht sachliche, ökonomische oder andere Interessen der Mitglieder zu verfolgen. Zuletzt gibt es noch den wertrationalen Gesinnungsverein, eine Art rationale Sekte, die von der Verfolgung emotionaler und affektueller Interessen absieht um nur der „Sache" zu dienen, das soll heißen, die gemeinsamen Ziele der Beteiligten zu verfolgen (vgl. Weber 1972, S.22).

Die Mehrzahl aller sozialen Beziehungen hat jedoch nur zum Teil den Charakter der Vergesellschaftung und zum anderen Teil den Charakter der Vergemeinschaftung. Das bedeutet, dass eben jede noch so zweckrational und nüchtern geschaffene soziale Beziehung auch Gefühle hervorbringen kann. Als Beispiel wäre hier „Kundschaft" geeignet. Der Kunde geht zum Bäcker, möchte seine Brötchen kaufen und erwarte, dass der Bäcker sie ihm verkauft. Der Bäcker erfüllt seine Aufgabe, ist natürlich auch freundlich, denn er möchte seine Kundschaft ja nicht verlieren. Der Kunde ist zufrieden mit der „Ware" und geht wieder und wieder zum gleichen Bäcker. Es kommt dann immer wieder zu kleinen Unterhaltungen zwischen Käufer und Verkäufer, die von Zeit zu Zeit privater werden (werden können). Es hat sich zwar keine Freundschaft entwickelt, aber trotzdem sind Gefühle mit im Spiel, welche die Vergesellschaftung teilweise zur Vergemeinschaftung machen. Jede Beziehung zwischen den gleichen Personen, die auf längere Dauer eingestellt ist, also eine Beziehung die über das aktuelle Zweckvereinhandeln hinausgeht, neigt irgendwie dazu. Zum Beispiel wenn man in der gleichen Schulklasse ist: man geht in die Schule, weil das nun mal jeder muss, man wird in einen Raum mit Fremden gesteckt um gemeinsam zu lernen und mit der Zeit können sich aus diesem Zwang (die Schule zu besuchen) auch Freundschaften entwickeln. Genauso kann umgekehrt eine soziale Beziehung, die normalerweise eine Vergemeinschaftung ist, von den Beteiligten teilweise oder ganz zweckrational orientiert werden. Wie weit z.B. eine Familie von den Beteiligten als Gemeinschaft oder Vergesellschaftung angesehen und ausgenutzt wird, ist sehr unterschiedlich.

>>> Gesellschaft bei Max Weber ist eine Art vergesellschaftetes und vergemeinschaftetes Netzwerk sozialer Beziehungen zwischen Akteuren.

3.3 Verband

„Verband soll eine nach Außen regulierend beschränkte oder geschlossene soziale Beziehung dann heißen, wenn die Innehaltung ihrer Ordnung garantiert wird durch das eigens auf deren Durchführung eingestellte Verhalten bestimmter Menschen: eines Leiters

und, eventuell, eines Verwaltungsstabes, der gegebenenfalls normalerweise zugleich Vertretungsgewalt hat. Die Innehabung der Leitung oder einer Teilnahme am Handeln des Verwaltungsstabes – die »Regierungsgewalten « – können a) appropriiert oder b) durch geltende Verbandsordnungen bestimmten oder nach bestimmten Merkmalen oder in bestimmten Formen auszulesenden Personen dauernd oder zeitweise oder für bestimmte Fälle zugewiesen sein. »Verbandshandeln« soll a) das auf die Durchführung der Ordnung bezogene kraft Regierungsgewalt oder Vertretungsmacht legitime Handeln des Verwaltungsstabs selbst, b) das von ihm durch Anordnungen geleitete Handeln der Verbandsbeteiligten heißen (Ebd., S. 26). "

Die Existenz eines Verbandes ist einzig und allein von Vorhandensein eines Leiters abhängig, ob es sich um Vergemeinschaftung oder Vergesellschaftung handelt, ist nicht von Bedeutung. Das Handeln des Leiters (Familienhaupt, Staatspräsident, Geschäftsführer, Vereinsvorstand…) ist auf die Durchführung der Verbandsordnung eingestellt. Er ist jedoch nicht nur an der Ordnung orientiert, sondern soll sie erzwingen. Durch diese spezifische Art des Handelns (das Verbandshandeln) erhält die geschlossene soziale Beziehung ein wichtiges neues Merkmal, nämlich, dass nicht jede geschlossene Vergemeinschaftung oder Vergesellschaftung auch gleichzeitig ein Verband ist (z.b. eine erotische Beziehung oder eine Sippengemeinschaft ohne Leiter) (vgl. Weber 1972, S. 26). Ist der Leiter nicht vorhanden, besteht eben nur eine soziale Beziehung. Der Verwaltungsstab spielt auch eine wichtige Rolle und zwar ist er der Teil einer Organisation, der die Entscheidungen des Führungsstabes umsetzt sowie die laufende Verwaltung (z. B. Haushaltsführung, Verfassen des Jahresberichts…) innehat, also den Herrschaftsbetrieb repräsentiert und leitet.

Neben dem Handeln des Verwaltungsstabes und dem der Leitung gibt es auch noch ein spezifisches Handeln der anderen Beteiligten, dass an der Verbandsordnung orientiert ist. Der Sinn dieses Handelns ist die Garantie der Durchführung der Ordnung. Dieses Handeln wird als verbandsbezogenes Handeln bezeichnet. Des Weiteren kann die geltende Ordnung auch Normen enthalten, an denen sich in andern Dingen das Handeln der Verbandsbeteiligten orientieren soll (verbandsgeregeltes Handeln).

Ein Verband kann zum einen autonom oder heteronom sein, wobei *„Autonomie bedeutet, daß nicht, wie bei Heteronomie, die Ordnung des Verbands durch Außenstehende gesatzt wird, sondern durch Verbandsgenossen kraft dieser ihrer Qualität (Ebd.)."* Heteronomie ist dann im Gegensatz dazu die Fremdgesetzlichkeit bzw. -bestimmtheit und meint die Abhängigkeit von fremden Einflüssen bzw. vom Willen anderer. Zum anderen kann ein Verband autokephal oder heterokephal sein. Autokephalie bedeutet nach Max Weber, *„dass* *der Leiter und der Verbandsstab nach den eigenen Ordnungen des Verbandes und nicht wie bei Heterokephalie durch Außenstehende bestellt wird (Ebd., S. 27).*" Autokephalie ist nicht mit Autonomie gleichzusetzen. Heterokephalie bezeichnet eine soziologische Herrschaftsstruktur (oder einen Verband) und kann im Sinne von "Fremdherrschaft" gebraucht werden.

Die Ordnung eines Verbandes kann durch Gehorsam, Fügsamkeit und durch freie Vereinbarung entstehen. Ein politischer Verband, zum Beispiel, ist ein Herrschaftsverband. Hier wird die Ordnung durch Androhung sowie Anwendung von physischem Zwang seitens des Verwaltungsstabes garantiert. Seine Bestandteile sind das Gebiet, die Kontinuität und die Bereithaltung von physischer Gewalt, um die Befolgung der Befehle und Anordnungen durchzusetzen. Bei politischen Verbänden ist diese Gewaltsamkeit oder die Androhung von Gewalt ein legitimes, fast normal gewordenes Verwaltungsmittel. Die Leiter schrecken nicht zurück, sich aller möglichen Mittel für die Durchsetzung ihrer Ziele und Zwecke zu bedienen. Merkmal eines solchen Verbandes ist nicht nur die Gewaltsamkeit zu Garantie von Ordnung, sondern auch, *„dass er die Herrschaft seines Verwaltungsstabes und seiner Ordnungen für ein Gebiet in Anspruch nimmt und gewaltsam garantiert (Ebd., S. 29)."*

4. Macht und Herrschaft

„Macht bedeutet jede Chance, innerhalb einer sozialen Beziehung den eigenen Willen auch gegen Widerstreben durchzusetzen, gleichviel worauf diese Chance beruht. Herrschaft soll heißen die Chance, für einen Befehl bestimmten Inhalts bei angebbaren Personen Gehorsam zu finden; Disziplin soll heißen die Chance, kraft eingeübter Einstellung für einen Befehl prompten, automatischen und schematischen Gehorsam bei einer angebbaren Vielheit von Menschen zu finden (Ebd., S. 28)."

Mit den Konzepten der Macht und der Disziplin hat sich Weber nur wenig befasst. Macht ist sozial amorph, das heißt der Machtbegriff ist bei ihm ein sehr allgemeiner, da jede denkbare Machtquelle mit einbezogen ist. Es ist die Fähigkeit, bestimmte Wirkungen bei anderen Personen zu erzielen. Bei der Macht ist der Befehl nicht notwendigerweise legitim und die Unterwerfung unter ihn ist keine Verpflichtung.

Er setzte sich vor allem mit dem Phänomen der Herrschaft auseinander. Den Herrschaftsbegriff versteht er als einen Sonderfall von Macht. Der Unterschied zum

Machtbegriff ist, dass es eine Gehorsamsbereitschaft der Beherrschten gibt. Nach Weber ist die Grundlage von Herrschaft der so genannte Legitimitätsglaube. Akteure müssen an die Legitimität, die Geltung einer für sie verbindliche Ordnung, die Regeln der Organisation, glauben. Der Glaube an die Geltungskraft von Ordnung ist zugleich ein Glaube an die Legitimität von Herrschaft. Die Struktur der Herrschaft ist durch die Legitimitätsbegründung bedingt. Jedes Herrschaftssystem strebt danach, den Glauben an seine Legitimität zu wecken. Kann sie nicht hergestellt werden, kommt es zu purer Gewaltanwendung. Weber unterscheidet drei verschiedene Arten von Legitimitätsansprüchen, die auch gleichzeitig seine Einteilung in drei verschiedene Herrschaftsformen bedingen. Diese unterschiedlichen Arten der Legitimität bedingen außerdem noch die Art des Verwaltungsstabes, die Art des Gehorchens, den Charakter der Herrschaftsausübung und die Wirkung der Herrschaft. Die drei reinen Typen legitimer Herrschaft sind die legale, die charismatische und die traditionale Herrschaft.

Legale Herrschaft ist eine Herrschaft aufgrund formal korrekt entwickelter und angewendeter Regeln, die angeben, wem, wann und wo zu gehorchen ist. Es ist ein Regelsystem, ein System von Verhaltensanweisungen und Verfahrensvorschriften, die Satzung, die ausschlaggebend dafür ist in welchem Ausmaß zu gehorchen sei. Der typisch legale Herr ist der Vorgesetzte, der der Ordnung verpflichtet ist. Gehorcht wird, weil die Verbandsmitglieder an die Legalität der Verfahrens glauben. Kennzeichen der legalen Herrschaft sind Behörden, die kontinuierlich und nach bestimmten Regeln arbeiten und dabei Personen mit unterschiedlichen Kompetenzen beherbergen. Es gibt eine feste Amtshierarchie mit Kontroll- und Aufsichtsbehörden, die Beamten haben einen Arbeitsvertrag und Fachqualitäten. Dadurch kommt es zu einer Berechenbarkeit in den Handlungen. Durch sie wird Ordnung und Stabilität garantiert. Historisch gesehen muss man keine großen Sprünge machen um Beispiele für diese Herrschaftstypus zu finden. Die parlamentarische Demokratie ist ein Herrschaftssystem, in dem eine Fülle von Regelungen und Satzungen dafür festgelegt ist, wer in welchen Fällen und in welchem Ausmaß etwas zu tun oder zu lassen hat.

Die charismatische Herrschaft ist eine Herrschaft aufgrund des Charismas, der Ausstrahlung des Herrn, aufgrund der affektuellen Hingabe an den als begnadet angesehenen Herrn oder Führer. Zeichen dafür, dass der Herr begnadet ist, treten in magischen Fähigkeiten, Offenbarungen, erwiesenem Heldentum, Macht des Geistes und der Rede zutage. Reinste

Typen dieser Art von Herrschaft sind Propheten, Kriegshelden, Demagogen und die „großen Führer der Nation". Das Verhältnis von Herr und Gehorchendem entspricht dem von Führer und Gefolgschaft.

Zuletzt die traditionale Herrschaft. Sie ist eine Herrschaft aufgrund des Glaubens der Beherrschten an die Heiligkeit einer überlieferten Ordnung und überlieferten Herrengewalten. Die Ordnung wird um ihrer selbst willen anerkannt und weil sie schon immer gegolten hat (Tradition). Die Befehlsgewalt der Herren erscheint als Ausdruck eines natürlich oder göttlich offenbarten Rechts des Herrschenden. Die klassischen Monarchien kommen diesem Typus nahe. Reinster Typ traditioneller Herrschaft ist die patriarchalische Herrschaft. Sie bedeutet das Verhältnis von Herr und Untertan im Kleine und im Großen. Das Papsttum ist ein Beispiel für die Traditionelle Herrschaft der heutigen Zeit.

5. Fazit

Max Weber gehört zu den großen Gelehrten der Wendezeit vom 19. zum 20. Jahrhundert, mit denen noch heute das internationale Ansehen der deutschen Wissenschaft verbunden ist. Seine Arbeiten prägten die Sozial- und Kulturwissenschaften zu Beginn des 20. Jahrhunderts und sind bis heute aktuell. Er verbrachte das letzte Jahr seines Lebens in München, das ein sehr produktives Jahr war, in dem zwei seiner berühmtesten Werke entstanden. Max Weber lehrte in München und hielt seine wohl berühmtesten Vorträge "Wissenschaft als Beruf" und "Politik als Beruf", in denen er die soziale und ethische Problematik von Wissenschaft und Politik analysierte. Der Lehrstuhl für Nationalökonomie, den Max Weber innehatte, besteht bis heute an der Münchner Ludwig-Maximilians-Universität.

Weber ist berühmt dafür, dass er, anders als Durkheim, Wissenschaft und Werte (Moral) trennte. Weber kritisierte aber auch die Aufklärer, welche Religion durch Wissenschaft ersetzen wollten, da letztere einen rein intellektuellen Charakter hat und ihre Gebiet überschreitet, wenn sie über die Interpretation von Fakten hinaus geht und sozialem Geschehen Sinn und Wert zuordnen will.

Es lässt sich eigentlich kurz und knapp sagen, dass er ein Klassiker ist, dessen Begriffsbildungen bis heute in der Soziologie und der Politikwissenschaft oft als Grundlage genommen werden (z.B. seine Definitionen von Macht und Herrschaft, der Begriff des

Idealtypus sowie die Einteilung des moralischen Handelns in Gesinnungs- und Verantwortungsethik).

Literaturverzeichnis

Aron, Raymond, Hauptströmungen des soziologischen Denkens II, Köln:1971

Käsler, Dirk, Max Weber. Eine Einführung in Leben, Werk und Wirkung, Frankfurt/New York: 1995

Weber, Max, Wirtschaft und Gesellschaft. Grundriss der verstehenden Soziologie, Tübingen: 1972.